MME DE VILLEDIEU,

PAR

S. CLOGENSON.

ALENÇON,

IMPRIMERIE DE Mme Ve POULET-MALASSIS.

1853.

Extrait de l'Athenæum Français des 2, 16 juillet
et 6 août 1853.

Tiré à 20 Exemplaires.

Mme DE VILLEDIEU,

PAR

S. CLOGENSON.

« La tendresse a son heure, aussi bien que la mort. »
Mme de VILLEDIEU.

———◦———

Nous ne sommes pas de ceux qui pensent qu'on ne connaît bien et ne peut dépeindre que ce que l'on a particulièrement éprouvé. Pour décrire une tempête, un naufrage, il n'est pas absolument indispensable d'avoir lutté contre les flots sur une mer prête à vous engloutir ; c'est assez d'avoir frémi du rivage à l'aspect des vagues soulevées. Pour expliquer le cœur de l'homme, ses entraînements et ses faiblesses, sera-t-il plus nécessaire d'avoir obéi à toutes les passions ! Nous avons la conviction qu'il suffit d'en avoir le sentiment, d'avoir vu et observé.

Cependant il est certain que lorsqu'on a couru soi-même certains dangers on sait en retracer le tableau avec plus de vérité et d'é—nergie. Par la même raison , le romancier dont la vie a été dominée par des sentiments profonds, violents, continus, a plus de moyens de nous impressionner , qu'il entreprenne de nous peindre la tendresse, l'amour, la jalousie ou la haine.

Mieux que personne, l'auteur que nous allons étudier pouvait nous initier aux orages du cœur. — C'est une femme. — Elle a été aimée, elle a aimé, elle a été trompée, elle a haï, et elle s'est vengée ; sa vie a été une suite non interrompue d'aventures singulières, romanesques, presque incroyables. Pour écrire elle n'a eu qu'à s'observer elle-même. — C'est dans son cœur et dans ses souvenirs qu'elle a trouvé ses romans.

On ne lit guère aujourd'hui les romans du xvii.e siècle. D'Urfé, La Calprenède, M.lle de Scudéry sont à peu près oubliés, et le seul sentiment qu'éprouve l'intrépide lecteur qui se hasarde à les parcourir est un mélange d'ennui et d'étonnement. Comment la société française put-elle jamais s'engouer de productions aussi fades ! Voilà ce qu'on se demande au bout de quelques pages.

Pour expliquer un peu le succès qui accueillit l'œuvre de d'Urfé, disons que les bergers de l'Astrée venant occuper tout à coup la place des héros de chevalerie, dont on était las, purent, à tout prendre, passer pour une création originale ; et puis, quand apparurent Sylvandre, Cassandre, le grand Cyrus, Clélie, les esprits étaient fatigués par le bruit de la guerre et le spectacles des troubles civils sans cesse renaissants. Toutes maniérées qu'elles fussent, ces descriptions du bonheur calme de la campagne durent charmer un instant. Lire les tranquilles amours des bergers, c'était se reposer des intrigues de la cour et des cabales.

Née en 1640, à Alençon, Mme de Villedieu, qui devait bientôt se révéler par un premier pas vers le bon goût et, du vivant de Mlle de Scudéry, faire pressentir Mme Cottin, fut nourrie de la lecture de ces livres. Son père Guillaume Desjardins, prévôt de la maréchaussée de la ville, avait épousé une fille de chambre de Mme de Montbazon nommée Catherine Ferrand. Cette femme, habituée aux splendeurs importées à l'hôtel de Montbazon depuis le mariage du vieux duc avec la fille du comte de Vertus (1), dut trouver bien sombre la maison de son mari quand elle y entra. Jeune encore, elle avait passé de joyeuses années près de sa belle maîtresse, initiée à ses secrets, à ses intrigues, à ses amours, vivant de sa vie aventureuse et folle. Son cœur avait besoin d'agitation et de bruit. Vous n'étiez plus là, messieurs de Chevreuse, de Soissons, d'Orléans, d'Hocquincourt, qui aviez passé si brillants tour à tour dans l'imagination enthousiaste de la suivante comme dans le cœur inconstant et facile de la duchesse ! Mme Des-

---

(1) Marie de Bretagne, née vers 1612, morte en 1657 ; elle était l'aînée des filles du comte de Vertus, et épousa, en 1628, Hercule de Rohan, duc de Montbazon, père de Mme de Chevreuse.

jardins dut songer à vous remplacer, comme
avait fait votre volage maîtresse. Vos amours
étaient sa vie. Où trouver, au milieu de son
isolement et du calme de la province, un élé-
ment pour vivre encore, si ce n'est dans ces
mille romans dont Paris était alors engoué?
Elle les fit venir, les lut avec ardeur et peu à
peu vous remplaça par d'autres héros, non
moins galants et non moins tendres, dont elle
peupla sa solitude.

C'est ainsi qu'absorbée dans ses lectures et
dans ses rêves, la femme du prévôt passa les
premières années de son mariage sans songer
guère plus à sa fille, qui grandissait, qu'à son
mari. Marie-Hortense avait une imagination
exaltée, un esprit enthousiaste, un cœur facile
à entraîner. Mme Desjardins n'y prit point
garde, et au lieu de calmer cette tête romanesque, elle se plut à cultiver ce qui aurait
effrayé tout autre femme plus prudente et plus
préoccupée de l'avenir.

L'enfant avait épelé dans le grand Cyrus.
Quand elle eut douze ans et qu'elle sut lire, sa
mère ne le lui retira pas ; au contraire, faisant
entrer d'aussi étranges lectures dans son système d'éducation, elle mit entre ses mains tous
les romans qu'elle possédait, lâchant ainsi les
rênes à ce jeune esprit, qu'on n'aurait su trop
enchaîner! La jeune fille se passionna donc à
son aise pour la belle Astrée, le tendre Céladon,

l'aimable Sylvandre, pour tous les bergers du Lignon. — Ce fut sa vie! Quel effet ne durent pas produire sur son cœur de semblables lectures! Ce système d'éducation amena, quand elle eut atteint sa dix-huitième année, un double résultat.

D'abord elle eut l'idée d'écrire, et quelques poésies légères, par lesquelles elle débuta, ayant eu du succès, elle passa à d'autres essais plus sérieux et se mit à ébaucher un de ces romans dont sa jeune tête était pleine.

Mais bientôt, et c'est là ce qu'aurait dû prévoir l'ancienne fille de chambre de Mme de Montbazon, elle s'avisa d'abandonner la théorie pour la pratique. Un jeune cousin, à peu près de son âge, et qui portait son nom, fut le héros sur lequel elle jeta les yeux. Ils s'aimèrent comme deux enfants, ou du moins crurent s'aimer, et si follement, qu'au bout de peu de temps, redoutant la colère du prévôt, Hortense dut songer à quitter la maison où elle était née, la ville où elle avait grandi.

Ses regards se tournèrent naturellement vers Paris; — à Paris elle pourrait lire, étudier, écrire, se faire connaître, vivre enfin! Elle se rappela le brillant hôtel de Montbazon, autrefois habité par sa mère, et sûre de trouver là un premier appui, sa résolution fut prise à l'instant. Sans prévenir son amant, triste héros dont elle ne savait plus que faire, elle prépara tout pour sa fuite. Aux portes de la ville seulement, à l'instant de le quitter, elle lui annonça qu'elle partait. Le cousin la regarda comme on regarde un oiseau qui nous échappe des mains et s'envole, et moins audacieux que celle qu'il aimait, rentra en soupirant sous le toît paternel.

La vie de Mlle Desjardins pendant les deux ou trois mois qui suivirent est enveloppée d'une certaine obscurité. Les épisodes de son voyage, s'il y en eut, nous sont inconnus. Quant à son arrivée à Paris, nous savons seulement qu'à l'hôtel de Montbazon, où elle se présenta, elle trouva l'appui sur lequel elle avait compté. Sa jeunesse, sa grâce lui valurent une tendre indulgence; l'éloquence de sa parole persuada ce qu'elle voulut. On lui donna les secours dont elle avait besoin, et elle alla s'installer dans une maison garnie du voisinage, où elle donna le jour à un fils qui ne vécut que six semaines.

C'est au milieu de la noblesse la plus élé-gante et des beaux esprits les plus en renom, qu'au commencement de l'hiver de 1660 nous retrouvons notre héroïne présentée et patro-née par Mlle de Montbazon et Mme de Che-vreuse (1). A peine parut-elle qu'on l'entoura.

---

(1) Marie de Rohan, célèbre par ses intrigues et l'ami-tié dont l'honora Anne d'Autriche; veuve du duc de Luynes en 1621, elle épousa quelque temps après le duc de Chevreuse, et mourut en 1679.

Si l'opinion qu'avaient et que donnèrent d'elle
ses protectrices fut pour quelque chose dans
ce premier succès sa grâce et son amabilité
firent le reste.

On a dit qu'elle était laide ; elle n'était pas
belle, nous en convenons ; mais elle avait
mieux que de la beauté, elle avait ce qui plaît,
ce qui charme, ce qui captive, le sourire qui
séduit, le regard qui entraîne, la voix qui
enchante et va au cœur. — On nous accor-
dera bien qu'elle était jolie.

Quant aux traits de son visage, ce qu'ils
étaient, nous l'ignorons ; aucune peinture ne
nous a fait connaître les agréments ou les imperfections de sa personne. — Nous n'a-
vons d'elle qu'un unique portrait, tracé de
sa main, le voici, l'opinion de ses contemporains, ses succès, les passions qu'elle inspira,
le compléteront :

« J'ai, dit-elle, la physionomie heureuse et
spirituelle, les yeux noirs et petits, mais pleins
de feu, la bouche grande, mais les dents belles
pour ne rendre pas son ouverture désagréable,
le teint aussi beau que peut l'être un reste de
petite vérole maligne, le tour du visage ovale,
les cheveux châtains approchant plutôt du
noir que du clair, et la gorge et les mains
disposées à être belles quand j'aurai l'embon-
point que jusqu'ici mon âge et la grandeur de
ma taille m'ont empêché d'avoir. De tout cela

il résulte que je ne suis pas une fort belle fille, mais aussi je ne fais pas peur . » (*)

Tout autre qu'elle, chargé de faire son portrait eût dissimulé sans doute bien des petites imperfections qu'elle accuse. Nous devons donc tenir pour ressemblant celui qu'elle nous donne, et jusqu'à preuve du contraire, nous sommes fondés à dire que M.lle Desjardins était à vingt ans une très-agréable et séduisante personne.

Tallemant des Réaux, seul, nous donne un démenti : « La petite vérole n'a pas contribué à la faire belle, dit-il ; hors la taille, elle n'a rien d'agréable, et, à tout prendre, elle est

______

(*) M. Clogenson n'a pas rencontré de portrait de M.me de Villedieu ; il s'en trouve un dans la suite de portraits de Desrochers. En outre, M. Charles Devrits a gravé, d'après cette estampe, une jolie eau-forte que M. Clogenson trouvera dans les *Poëtes normands,* publiés par M. Baratte. Le portrait gravé est évidemment postérieur au portrait écrit ; la gorge de M.me de Villedieu avait alors amplement tenu tout ce qu'elle promettait.

Je me félicite de pouvoir donner à M. Clogenson la date précise du portrait écrit. Il est de 1659, et se trouve dans un volume intitulé : *Divers portraits* in-4.º Il faut renoncer à chercher l'édition originale de ce livre que Segrais, par ordre de M.lle de Montpensier, n'avait fait tirer qu'à 30 exemplaires. (Voir le *Segraisiana*, Paris, 1721, in-12, pages 154 et 155.) Mais il a été réimprimé deux fois dans la même année chez le libraire de Sercy sous le titre de : *Recueil de portraits et éloges en vers et en prose*, 2 vol. in-8.º, et chez le même libraire en 1663, sous cet autre titre : *Galerie des peintures et Recueil des portraits, etc.,* 2 vol. in-12.

A. P.-M.

laide. » Mais faut-il en croire Tallemant? — On a bien vîte dit qu'une femme est laide!

Ce qu'on peut tenir pour certain, c'est qu'elle ne faisait pas peur. Jeunes et vieux s'empressaient autour d'elle et lui faisaient la cour ; parmi ceux-ci nous citerons l'abbé d'Aubignac (1), qui fut son maître et son ami ; et l'abbé Parfait, conseiller au parlement, dont elle tourna la tête ; parmi ceux-là l'académicien Pavillon (2) qui célébrait ses grâces en madrigaux ; Boïsset de Villedieu, jeune officier de fortune dont elle devait illustrer le nom, et peut-être Tallemant lui-même.

Cependant elle n'était encore connue que par son esprit et par quelques poésies qui circulaient de main en main ; le temps approchait où elle allait justifier publiquement l'opinion qu'avaient d'elle ses amis et l'engouement du monde.

« Une des premières choses qu'on ait vues d'elle, au moins de choses imprimées, ç'a été, je cite Tallemant, un récit de la *Farce des Précieuses*. »

---

(1) François Hedelin d'Aubignac, né à Paris, le 4 août 1604, grammairien, poëte, antiquaire, prédicateur et romancier, mort à Nemours le 16 juillet 1676.

(2) Étienne Pavillon, né en 1632, bel esprit rival de Voiture, fut d'abord avocat général au parlement de Metz, puis, entrainé par son goût pour la poésie, vint à Paris où il mourut en 1705, membre de l'Académie française. Voltaire l'appelait *le doux mais faible Pavillon*.

Ce récit, sorte de scène dialoguée en prose et en vers, fut écrit au château de Dampierre, chez Mme de Chevreuse, à la demande de Mme de Morangis et pour elle. Il en courut des copies, mais si pleines de fautes, que l'auteur se décida à le donner à l'impression, bien que ce n'eût pas été d'abord son projet. Ce petit-ouvrage ne se trouve pas dans le recueil des œuvres de Mme de Villedieu, publié à part en 1660 (1) : il échappa à Barbin lorsqu'il publia son édition de 1770, et Lavallière, dans sa Bibliothèque du Théâtre-Français, l'attribue à tort à Somaize (2). — Nous devons à Tallemant de pouvoir indiquer cet opuscule comme le début de Mlle Desjardins à Paris.

Elle allait publier la première partie d'un roman auquel elle travaillait, et qui, selon l'usage du temps, ne devait pas avoir moins de huit ou dix volumes, quand le bruit se répandit que cet ouvrage était l'histoire des

----

(1) L'édition dont nous parlons ici, tirée sans doute à un fort petit nombre d'exemplaires, est fort rare, et nous n'avons pu nous la procurer; nous ne connaissons du récit de la *Farce des précieuses* que des fragments cités par Conrart ; (Biblioth. de l'Arsenal, *manuscrits* de Conrart. Voy. les notes de M. Monmerqué dans la 2.e édition de Tallemant.

(2) Antoine Baudeau, sieur de Somaize, né vers 1630, écrivain obscur, fut secrétaire de Marie Mancini, qu'il suivit en Italie ; on ignore l'époque de sa mort.

amours d'une dame du haut rang qu'une mésalliance a rendue célèbre. Cette dame, c'était la duchesse de Rohan-Chabot (1), qui ne tarda pas à être avertie du coup qui la menaçait. Elle voulut voir l'ouvrage, et, par Langey, fit prier l'auteur de le lui communiquer. L'ayant lu et ne s'y trouvant pas trop maltraitée, elle se borna à demander quelques changements à Mlle Desjardins, qui promit de faire ce qu'on désirait d'elle. A quelque temps de là, Langey revient et demande si les corrections convenues ont été faites. Mlle Desjardins, qui ne pouvait voir Langey sans rire, au souvenir de l'aventure qui a fait sa réputation (2), le reçut autrement qu'il n'aurait désiré. Alors celui-ci la quittant, plein de fureur, court chez le libraire, suivi de quelques laquais, et s'empare du manuscrit. A cette noüvelle, Mlle Desjardins se fâche et jure qu'elle fera paraître son roman tel qu'il a été écrit d'abord, et que même (ceci concernait spécialement Langey) elle y ajoutera la fameuse histoire du *congrès*.

---

(1) Marguerite de Rohan, fille de Henri, duc de Rohan, et de Marguerite de Béthune-Sully ; elle épousa le comte de Chabot en 1645.

(2) Nous ne nous chargeons pas de raconter l'histoire en question, nous préférons renvoyer les curieux aux Historiettes de Tallemant des Réaux (voy. t. VI, p. 192 et suiv.).

Effrayés de ces menaces, qui leur sont rapportées, Langey et la duchesse s'adressent au chancelier Séguier, lui portent le manuscrit qu'ils ont soigneusement gardé, et demandent qu'on en empêche la publication. Le chancelier prend le livre et promet de l'examiner, mais n'y ayant rien trouvé d'outrageant pour les Rohan, il cède à un sonnet que lui adresse Mlle Desjardins, et le remet entre ses mains.

Tout cela avait fait grand bruit, et on s'attendait à voir le fameux ouvrage, objet de ce scandale, livré aussitôt à la publication. Il eût alors obtenu un succès immense ; mais l'espérance du public fut déçue. Il est présumable que quelques menaces et la crainte de se faire de dangereux ennemis arrêtèrent Mlle Desjardins. Le roman dont on avait tant parlé, et que l'on attendait avec tant d'impatience, rentra dans le portefeuille de l'auteur, qui ne le continua pas. Ce ne fut que plus tard qu'il parut inachevé sous le titre d'*Alcidamie*. Il est évident que Mlle Desjardins eut, en l'écrivant, l'intention qu'on lui a prêtée. — Dans le personnage de la fière Zélide, on ne peut méconnaître Mlle de Rohan, et Chabot dans celui de Gomelle. Il est probable que dans Rustau elle a voulu peindre Ruvigny, qui, si l'on en croit les chroniques de l'époque, avait eu mieux que le cœur de la jeune duchesse avant d'être supplanté par Chabot.

On peut même voir encore dans la reine, mère de Zélide, la veuve de Henri de Rohan et, dans le jeune prince désigné sous le nom de Théocrite, son fils Tancrède, dont la naissance mystérieuse, la vie aventureuse en Normandie, en Hollande, à Paris, et la mort dans une embuscade à Vincennes, sont et seront toujours un problême.

Au lieu de cet ouvrage, elle donna au public le petit roman de *Carmente*, composé presqu'en entier à Alençon avant qu'elle eût quitté la maison paternelle, et une nouvelle intitulée *le Portefeuille*, curieuse peinture des mœurs galantes de l'époque, qu'on ne lit pas sans intérêt, bien que les personnages dont l'auteur a voulu nous esquisser le portrait soient bien loin de nous.

Peu de temps après parurent quatre nouvelles qui, réunies sous le titre de : *les Désordres de l'Amour*, furent subitement l'objet de l'attention générale. Selon l'auteur, toutes les passions se résument en une seule qui les renferme toutes, l'amour. Aussi c'est sur cette passion, mère de toutes les autres, puisque toutes sont engendrées et mises en jeu par elle, que notre attention est exclusivement appelée. Dans chacune de ces nouvelles, Mlle Desjardins pose un principe et le soutient par des faits, pris les uns dans l'histoire, les autres dans son imagination.

Dans la première, par exemple, elle s'atta-
che à prouver que l'amour, qui parfois donne
à l'homme de si grandes forces et double sa
puissance, quelquefois aussi le domine et
l'énerve à ce point qu'il produit l'effet contraire ; et dans la seconde, qu'il abuse toujours des droits qu'on lui donne et fait place
souvent, quand il est satisfait, à l'indifférence ou à la haine. Ce qui est remarquable,
avant tout, c'est l'habileté avec laquelle l'auteur
marche vers son but, pas un mot qui s'é-
carte du *quod est demonstrandum*, auquel
il faut arriver.

Le livre commence par une peinture sa-
vamment étudiée de la cour de Henri III.
C'est ce prince, épris tour à tour de la prin-
cesse de Condé et de Mme de Sauve, que
Mlle Desjardins a choisi pour nous faire voir
les effets déplorables de certains entraînements amoureux. Plusieurs passages déno-
tent un esprit d'analyse qu'on est surpris de
rencontrer, à un si haut dégré, chez une
femme. La rivalité du roi de France et du
roi de Navarre qui se disputent le cœur de
la maîtresse du duc de Guise, les plaintes
de cette amant sacrifié, sont des pages écrites
avec un rare bonheur. Quant au portrait de
Catherine de Médicis, qui apparaît au fond
du tableau, il est saisissant de vérité.

L'histoire de la marquise de Termes, qui vient ensuite, a tout l'intérêt de nos romans modernes. A peine a-t-on lu quelques pages qu'on s'arrête frappé d'étonnement : la marquise de Termes, c'est Jacques! Jacques, ce type sublime d'amour et d'abnégation, que nous étions habitués à regarder comme une création de notre audacieux dix-neuvième siècle. N'est-ce pas étrange qu'à près de deux siècles de distance, deux femmes aient eu l'idée de ce caractère! La mort de Jacques termine le roman de Mme Sand, — après la mort du marquis de Termes, Mlle Desjardins continue son roman. Elle nous montre la marquise unie à son amant, et nous les fait suivre pendant de longues années. N'a-t-elle pas promis de nous faire voir l'indifférence et la haine succéder tour à tour à l'amour dans le cœur du baron de Bellegarde? elle tient sa promesse ; que de désolantes tristesses dans ces dernières pages !

Un pareil livre était de nature à faire la réputation de son auteur à son début ; il ajouta à celle déjà solidement établie de Mlle Desjardins, et l'opinion de ses amis devint en quelques jours l'opinion générale. Avec ses succès d'auteur, ses succès de femme allaient croissant. D'abord, peut-être, ce fut un peu par mode, par ton, par caprice, qu'on se pressa autour d'elle; mais bientôt l'engouement

fut plus sincère. A la lecture de certaines pages
où les sentiments sont nuancés avec tant de
délicatesse, où la passion parle avec tant d'âme
et d'énergie, jeunes et vieux se passionnaient
pour l'auteur qui les avait écrites, et, quand
ils l'approchaient, la voix et le regard de la
jeune femme achevaient ce que la lecture de
ses livres avait commencé. Bien grand était le
nombre des *mourants* qu'elle traînait à sa suite!
Parmi ses adorateurs, nous avons cité déjà un
certain Boësset de Villedieu ; c'était un jeune
capitaine d'infanterie, que les beaux yeux noirs
d'Hortense avaient tout d'abord charmé comme
tant d'autres, et ce premier entraînement était
peu à peu devenu une passion profonde ; mais
adorée comme elle l'était, l'idole ne faisait
qu'une médiocre attention au culte particulier
dont elle était l'objet. Villedieu avait vingt-
huit ans, était bien fait de sa personne, son
uniforme de capitaine au régiment Dauphin lui
seyait à merveille, elle l'avait remarqué sans
doute ; mais ce n'était pas un homme de naissance. Fils de Boësset, de la musique du roi,
il n'était que peu de chose, bien qu'il portât
l'épée, comme on disait alors, dans cette pléiade
de ducs et de marquis, qui rayonnait autour
de la jeune femme. Tallemand, en parlant de
lui, l'appelle dédaigneusement « ce garçon. »

Ce garçon, amoureux comme il l'était, devait
cependant l'emporter sur des rivaux plus no-

bles et plus riches que lui. Une aventure sin-
gulière qui achèvera de peindre le caractère
étrange de notre héroïne, le fit réussir au
moment ou peut-être il s'y attendait le moins.

Mlle Desjardins était allée à un bal et, selon
son habitude, *son tendre* l'y avait suivie. Ce
soir-là, il eut beau être galant, empressé, on
ne fit aucune attention à lui. Désespéré de cet
insuccès, ennuyé d'une fête où tous les regards
de celle qu'il aimait étaient pour d'autres que
lui, il songea de bonne heure à la retraite et
s'esquiva maudissant sans doute le sexe féminin
et ses caprices. Arrivé devant sa porte, il
frappe : on n'ouvre pas ; il appelle ; pas de
réponse. Au bout d'un quart d'heure, ne
réussissant pas à se faire entendre, il se dit que,
par le froid qu'il fait, le meilleur parti est de
revenir achever la nuit dans le salon qu'il vient
de quitter ; les beaux yeux de Mlle Desjardins
le réchaufferont peut-être. Comme il rentrait,
il l'aperçoit qui allait partir. Elle s'étonne de
le voir reparaître. — Villedieu lui conte sa
mésaventure, comment il est à la porte, sans
gîte, ne sachant où aller coucher. La jeune
femme de rire comme une folle et de lui de-
.mander s'il ne voudrait pas l'hospitalité chez
elle. — Villedieu d'accepter, et les voilà qui
partent.

Chemin faisant, le jeune capitaine, qui
croyait déjà avoir vaincu, se félicitait en lui-

même du bonheur inespéré que le hasard lui
envoyait. Il marchait gaiement auprès de la
chaise dans laquelle il avait fait monter sa
conquête; mais elle, à qui une malicieuse
coquetterie avait inspiré cette folie, n'était
pas sans inquiétude sur la fin de l'aventure;
et, tout en répondant aux compliments que
lui adressait son amant, cherchait dans sa
tête comment elle parviendrait à l'éconduire.

La maison dans laquelle Mlle de Montbazon
avait installé sa protégée n'était pas loin ; on
est bientôt arrivé : Villedieu congédie les por-
teurs et s'apprête à entrer; en vain Mlle Desjardins veut lui faire comprendre que la pro-
position qu'elle lui a faite n'est et ne peut être
qu'une plaisanterie, il refuse de rien entendre
s'obstine et jure qu'il passera la nuit chez elle.
Ainsi prise au piége, la jeune femme pour
sortir de là, n'avait que deux choses à faire :
ou céder, où s'enfuir. Elle préféra la fuite ce
soir-là à l'autre moyen, et profitant du moment où l'obstiné capitaine ouvrait la porte de
sa chambre, elle s'esquiva, le laissant libre
d'user de l'hospitalité qu'elle lui avait offerte.

Resté seul, Villedieu fut sur le point de se
désespérer ; mais, en y réfléchissant bien, il·
se trouva encore assez heureux. Il avait du
moins conquis une chambre que le vent de
la rue n'était pas seul à lui faire apprécier. —
Il jeta amoureusement les yeux autour de lui,

passa en revue les meubles, feuilleta les livres
épars, puis ayant aperçu un manuscrit dont
les caractères lui étaient connus, il se mit à
lire pour tuer le temps. Le froid du dehors
l'avait glacé, il tremblait de tous ses membres, bientôt il ressentit un malaise insur-
montable, il éprouvait à la tête de violentes
douleurs, ses jambes avaient peine à le sou-
tenir ; n'y tenant plus, il se laissa tomber sur
le lit, posa sa tête sur l'oreiller imprégné encore du parfum des cheveux de sa maîtresse,
et s'y endormit perdu dans les mille rêves
que donne la fièvre.

Le lendemain, quand M.lle Desjardins revint
chez elle, espérant que l'ennemi, de guerre
lasse, aurait enfin évacué sa maison, elle ne
fut pas peu étonnée de trouver sa chambre et
son lit militairement occupés. Villedieu, que
dévorait une fièvre ardente, tenta de se sou-
lever et retomba, implorant du geste secours
et pardon. M.lle Desjardins s'émut à cette vue.

« J'ai une passion si grande pour les mal-
» heureux, dit-elle quelque part, que bien
» souvent la pitié qu'ils me causent me met
» de leur nombre. » Elle donna au pauvre
garçon les premiers soins dont il avait besoin,
et fit appeler un médecin. L'Esculape déclara
que la maladie était grave et qu'elle serait
longue... La jeune femme comprit qu'il fallait se résigner à garder chez elle celui qu'elle

y avait imprudemment attiré , et qui certes , en y entrant, ne s'attendait guère à y faire un pareil séjour : elle prit son parti et s'installa à son chevet.

Pendant longtemps, Villedieu fut entre la vie et la mort; en le voyant souffrir, Mlle Desjardins se passionna pour son malade, elle le soigna comme savent soigner les femmes quand elles aiment. Si les premiers jours furent tristes et pénibles, le temps de la convalescence fut charmant, car Villedieu sut payer en tendresse les soins délicats dont il était l'objet.

Un jour qu'aux genoux de sa jolie hôtesse il lui jurait un éternel amour, l'ardeur avec laquelle il parlait fit penser à la jeune femme que le moment était favorable pour aborder un sujet auquel seule encore elle avait pensé. Elle hasarda le mot mariage. Il est certains moments auxquels les hommes ne savent rien refuser; ils promettraient l'impossible, quitte à voir plus tard. Villedieu promit ce qu'on lui demanda, et jura à sa maîtresse qu'elle serait sa femme.

Quelques jours plus tard le malade était entièrement rétabli ; la petite chambre de Mlle Desjardins, trop petite pour tant de bonheur, fut abandonnée... Les ingrats! — Et ce fut au logis de Villedieu que l'heureux couple alla s'installer; on revit le monde, on reprit la vie d'autrefois.

Cependant les jours se passaient et le galant capitaine semblait ne pas se souvenir de la promesse qu'il avait faite. Sa maîtresse fut obligée de la lui rappeler. C'était à un moment où il avait toute sa présence d'esprit. — Mais je suis marié, répondit-il étonné. Il avait en effet épousé l'année précédente M.lle de Fetz, la fille d'un riche notaire de Paris, et aux pieds d'Hortense, en lui jurant de l'épouser, il avait complétement oublié cet épisode de son existence.

M.lle Desjardins ne se tint pas pour battue; elle prétendit que malgré cela il devait l'épouser, puisqu'il le lui avait promis; et de ce que, sans cette promesse, elle ne se serait pas donnée à lui, elle argua qu'il ne pouvait exister une raison plausible pour qu'il ne l'épousât pas. Serré par une pareille logique, l'autre ne savait que répondre, et encore moins que faire. — Habituée à trouver dans ses romans des expédients pour rendre ses amants heureux, la jeune femme imagina alors de faire rompre le mariage qu'avait si intempestivement contracté avec la fille du notaire, celui qu'elle voulait avoir pour mari. Villedieu, toujours épris, promit ce qu'elle voulut. Il fut convenu qu'il alléguerait qu'il avait été forcé par sa famille à cet odieux hymen, et qu'il en demanderait l'annulation.

Mais les choses ne vont pas dans la vie réelle

aussi facilement que dans les romans; ce serait
trop beau. Le bruit se répandit par la ville
que le capitaine Boësset de Villedieu allait
épouser Mlle Hortense Desjardins et arriva
aux oreilles de la vraie Mme de Villedieu qui,
bien qu'elle ne se souciât guère plus de son
mari, que lui ne se souciait d'elle, n'était cependant pas d'humeur à se laisser mettre ainsi
de côté.

Elle était connue de la reine-mère ; elle lui
adressa un placet où elle lui faisait connaître
le complot tramé par sa rivale, et fit si bien
qu'un beau jour le capitaine Boësset de Villedieu reçut l'ordre de rejoindre sur l'heure son
régiment qui tenait garnison à Cambrai.

Ce jour-là précisément Mlle Desjardins était
allée le matin à Dampierre rendre visite à
Mme de Chevreuse ; Villedieu n'ose attendre
son retour, l'ordre de quitter Paris à l'instant
est trop formel pour qu'il s'y hasarde; il part
sans revoir personne, oubliant même dans
son trouble et sa précipitation de laisser une
lettre qui explique à sa maîtresse son brusque
départ. Mlle Desjardins entre chez elle comme
il venait de sortir. En apprenant le brusque
départ de son amant, elle se croit trahie, abandonnée ; elle se fait apporter des habits d'homme, des armes, monte à cheval, et la voilà
galopant sur la route de Flandre à la pour-
suite du fugitif.

Le carrosse dans lequel Villedieu s'était commodément installé n'avait que quelques heures d'avance; — l'amazone à bientôt joint la lourde machine; le jour baissait, elle approche, met l'épée à la main , et appelant à haute voix le capitaine, elle le somme de mettre pied à terre. A la vue d'un cavalier qui le provoque. Villedieu ne demande pas mieux que de dégaîner ; il saute de voiture et se met en garde : alors seulement il reconnait à qui il a affaire. Par quelques mots il eut bientôt apaisé l'ardeur belliqueuse de notre héroïne... Le duel n'eut pas lieu, et le voyage s'acheva dans le carrosse, où quelques baisers refusés furent la seule vengeance qu'on se permit, et où quelques autres surpris finirent par triompher complétement d'un adversaire désarmé.

Le séjour des deux amants à Cambrai ne fut pas de longue durée ; ils quittèrent cette ville pour passer en Hollande où ils séjournèrent quelque temps. C'est donc dans ce pays que leur mariage fut célébré , si toutefois il y eut jamais entr'eux un véritable mariage ; on ne sait rien de positif à ce sujet. Ce qu'il y a de certain , c'est que quand ils revinrent à Paris , ce fut pour y vivre comme mari et femme. On les vit reparaître dans le monde comme étant M. et Mme de Villedieu. Ils assurèrent qu'ils étaient mariés , personne ne

soutint le coatraire , personne ne les inquiéta,
pas même la fille du notaire dont on n'enten-
dit plus parler.

Mme de Villedieu reprit alors ses travaux
littéraires quelque temps interrompus. L'abbé
d'Aubignac lui avait conseillé d'aborder le
théâtre : elle osa suivre son avis , se mit à
l'œuvre , et, en peu de mois , une première
pièce put être donnée aux comédiens.

Peu d'œuvres dramatiques ont été accueil-
lies comme le fut *Manlius*, tragi-comédie représentée au théâtre de l'hôtel de Bourgogne,
au commencement de mai 1662. Le public
salua l'auteur par des bravos enthousiastes ,
la pièce eut un succès dont Corneille lui-
même fut peut-être jaloux. C'était le temps
où Loret (1) publiait sa *Muse historique*, sorte
de revue en vers où se trouvent relatés tous
les évènements politiques, littéraires et autres
de l'époque. Le triomphe de la jeune femme
s'y trouve enregistré. Dans le numéro du 6
mai , nous lisons :

> Manlius Torquatus, poëme
> Que l'on tient d'un mérite extrême,
> Sujet grave , sujet romain ,
> Qui vient d'une agréable main ,
> D'une fille étant la besogne ,
> Se joue à l'hôtel de Bourgogne.

---

(1) Jean Loret, né à Carentan vers le commencement
du XVIIe siècle , mort en 1665.

A la date que nous venons de citer , Loret n'avait pas encore vu l'ouvrage dont il était appelé à rendre compte, c'est pour ouï dire qu'il en parle, et il explique le succès obtenu, en rappelant les productions diverses par lesquelles l'auteur s'est déjà fait connaître et aimer du public.

Le 18 , il a assisté à une des représentations et il partage l'enthousiasme général. Allez voir *Manlius*, dit-il à la duchesse de Nemours :

> Courez à l'hôtel de Bourgogne
> Pour , en cinq cents endroits divers ,
> Admirer les plus charmants vers
> Dont Paris, sur un beau théâtre ,
> Ait été jamais idolâtre ;
> Tous auditeurs en sont ravis.

Malgré toutes nos sympathies pour le talent de Mme de Villedieu , nous avouons que *Manlius* est loin de mériter l'enthousiasme dont il a été l'objet, et pour qu'on ne nous accuse pas de partialité , nous ne cacherons aucune des impressions qu'a produite sur nous la lecture de cette *tragi-comédie*. Le plan de la pièce est faiblement conçu , les caractères sont faux ou exagérés. L'auteur semble avoir nui de dessein prémédité à la grandeur de son sujet , en nous montrant Torquatus épris d'Omphale dont son fils est aimé. Faire entrer pour quelque chose dans la condamnation de Manlius le désir de se défaire d'un rival était la conséquence de cette première faute. Com—

ment admirer des sentiments pareils , dans le cœur de ce sévère républicain qui fait mourir son fils, coupable d'avoir remporté une victoire , sans la permission du Sénat? Quant au style , quant aux vers , rien qui saisisse , qui entraîne, qui étonne. C'est un poëte qui a écrit ce poëme , mais ce poëte est une femme.

Si la pièce fut accueillie par d'universels bravos à l'hôtel de Bourgogne, où la jeune noblesse qui occupait le théâtre, passionnée pour Mme de Villedieu , se plut à lui faire un succès, au dehors elle ne trouva pas toujours des amis aussi complaisants , des admirateurs aussi faciles. *Manlius* fut l'objet de plusieurs rudes attaques , mais ce fut moins Mme de Villedieu que l'abbé d'Aubignac qui , disait-on , lui avait fourni son sujet, que la critique prit pour point de mire. Une polémique finit par s'élever entre lui et de-Vizé (1). Elle est assez intéressante pour que nous recherchions comment elle s'engagea.

Huit mois environ après la représentation de *Manlius* à l'hôtel de Bourgogne, on donnait *Sophonisbe* au même théâtre (2). De Vizé qui , sous l'habit ecclésiastique qu'il portait encore , ne cherchait que l'occasion de faire

(1) Jean Donneau dé Vizé, né à Paris en 1640, mort en 1710, fondateur du *Mercure galant*, continué après lui sous le titre de *Mercure de France*.

(2) Le 18 janvier 1663.

parler de lui, pensant qu'un article contre
Corneille pourrait faire du bruit, entreprit la
critique de la pièce nouvelle. Un petit article
mordant, où il attribue à Mlle des OEillets,
chargée du principal rôle, les honneurs du
succès, parut aussitôt inséré dans ses *Nouvelles nouvelles*.

A côté de de Vizé, il y avait d'Aubignac,
qui s'était posé en souverain législateur du
Parnasse, et ne permettrait guère un succès
où il n'entrait pour rien. L'abbé n'aimait pas
Corneille, qui toujours s'était soustrait à sa
juridiction ; celui-ci s'étant avisé de dire, ce
que l'on répétait un peu partout, que d'Aubignac avait donné à Mme de Villedieu le plan
de son *Manlius*, et d'ajouter que ce plan ne
valait rien, il n'en fallût pas davantage pour
irriter l'abbé, qui, piqué au vif, lança contre
la pièce nouvelle un article sous le poids duquel tout autre que l'illustre poëte eût été
écrasé. A son point de vue, le sujet de *Sophonisbe* ayant été déjà traité par Mairet (1),
n'aurait pas dû être pris par Corneille. D'Aubignac était l'homme le plus versé qu'il y eût
alors dans la critique de théâtre ; son article
eut plus de retentissement que celui de de
Vizé, et celui-ci eut à se repentir, au lieu

----

(1) Jean Mairet, poëte tragique, né à Besançon en 1664,
mort en 1686; on a de lui douze pièces de théâtre, dont
la plus estimée est la tragédie de *Sophonisbe* (1629).

d'avoir attaqué Corneille, de ne s'être pas posé comme son défenseur. Une lutte avec d'Aubignac eût fait parler de lui bien davantage et eût été plus profitable à sa réputation. Alors, avec une rare habileté, il se retourne et, à propos de *Sophonisbe* qu'il entreprend de relever, il parle de *Manlius* et tombe sur l'abbé :

« Si le *Manlius* de Mlle Desjardins, dit-il, dont il (M. l'abbé d'Aubignac) a fait le sujet, a eu plus de succès que la tragédie d'*Eurizène* (1), la gloire n'en est due qu'à la beauté des vers de cette incomparable fille et aux comédiens, qui les ont si bien fait remarquer qu'ils ont fait réussir la pièce malgré tous les défauts de son sujet... A quoi songiez-vous, monsieur, ajoute-t-il, lorsque vous fîtes ce sujet !... Et plus loin : vous devez convenir que le sujet de cette pièce est aussi ennuyeux qu'il est mal conduit et que vous êtes obligé à Mlle Desjardins de l'avoir soutenu par de si beaux vers!... »

A la lecture de cette attaque, dirigée si particulièrement contre lui, d'Aubignac prend feu. — *Il est tout de soufre*, dit Tallemant ; il s'imagine que Corneille s'entend avec de Vizé, et n'ayant rien devant lui, sur quoi il pût jeter sa colère, il se retourne sur *Serto-*

---

(1) *Eurizène*, d'un auteur anonyme, jouée au Marais en 1641, dont d'Aubignac avait fait le plan ; non imprimée.

rius , joué au Marais le 25 février de l'année précédente, et la lutte continue. S'adressant à de Vizé et à Corneille :

« Vous avez, leur dit-il, une étrange aversion contre Mlle Desjardins. Il vous fâche qu'une fille vous dame le pion, et vous lui voulez dérober son *Manlius* , pour le fait d'une jalousie sans exemple. Je confesse qu'elle m'en a montré le dessein et que je lui en ai dit mon avis en quelques endroits , dont elle a fait ce qu'elle a jugé de mieux , et sa seconde pièce (*Nitétis*) la justifie assez contre cette calomnie. »

La querelle ne s'arrêta pas là ; mais comme le nom de Mlle Desjardins ne s'y trouve plus mêlé , nous laissons de Vizé préparer la défense de *Sertorius* pour revenir à notre étude.

Le succès de *Manlius* devait pour quelque temps faire négliger à Mme de Villedieu le roman pour le théâtre. A peine sa première pièce avait-elle été confiée aux comédiens , qu'elle avait repris la plume pour écrire *Nitétis*. Mais avant de parler de cette tragédie, qui ne fut représentée que le 27 avril de l'année suivante, disons quelques mots d'un petit ouvrage que quelques biographes ont mis à tort au nombre de ses œuvres dramatiques : nous voulons parler du *Carrousel du Dauphin*. C'est une petite pièce en prose et en vers dans le goût d'alors , simplement le compte-rendu d'une fête. « Cette fantaisie lui vint, nous dit Tallemant, à propos d'un carrousel que fit le roi en 1662. Imprimé à part quelques jours après la représentation de *Manlius* (1), le *Carrousel du Dauphin*, ainsi que le récit de la *Farce des Précieuses*, n'a pas été réuni au recueil publié par Barbin des œuvres de Mme de Villedieu.

La querelle de d'Aubignac et de de Vizé à propos de Mlle Desjardins et de Corneille avait fait grand bruit, et chacun attendait, pour juger l'auteur de *Manlius*, que la nouvelle tragédie à laquelle elle travaillait, eût été donnée au théâtre. Quelques retards augmentèrent encore la curiosité et l'impatience. Aussi quand *Nitélis* parut sur l'affiche le 27 avril 1663, la foule envahit le théâtre de l'hôtel de Bourgogne. Si cette pièce, *tragédie exquise*, selon Loret (2), a eu tout le succès dont il nous parle, ce ne fut qu'à la première représentation. Le plan, que cette fois on n'attribua à personne, en est mal construit, les caractères des personnages sont esquissés d'une main inhabile. La froideur du public, quand la curiosité fut passée et qu'on fut revenu d'un premier moment d'engouement, fit comprendre à Mlle Desjardins que c'était à un autre genre de littérature qu'elle devait demander ses succès.

---

(1) *Muse historique* du 27 mai 1662.
(2) *Muse historique* du 28 avril 1663.

Elle revint donc à un genre plus facile, où elle réussissait mieux. Ce fut alors qu'elle écrivit *les Mémoires du Sérail*, *le Journal amoureux*, *Cléonice*, et nombre de pièces de vers qui parurent dans les recueils du temps, épîtres, sonnets, madrigaux, églogues adressés au Roi, à MM. de Lionne, de Colbert, de Saint-Aignan, à Mlle de Montbazon, et enfin à son cher Clidamis ; Clidamis, c'était Villedieu.

Pendant que sa femme illustrait ainsi son nom, le capitaine Boësset de Villedieu courait le monde, et, bien que toujours épris, ne se faisait pas faute, quand l'occasion s'en présentait, de donner de légers coups de canif dans le contrat. Mme de Villedieu n'était pas sans s'apercevoir de quelque changement. Les femmes ont toujours quelqu'un auprès d'elles qui les avertit des fautes ou des faiblesses de celui à qui elles ont donné leur cœur. Elle ne tarda pas à connaître la conduite de son mari. Blessée dans son affection, la seule véritable peut-être qu'elle eut dans toute sa vie, elle se sentit au cœur une douleur profonde. Avec sa nature romanesque et impétueuse elle ne pouvait garder le silence. Elle aimait le bruit ; elle écrivit ce qu'elle souffrait, prit le monde à témoin de sa douleur, se plaignit en prose et en vers.

Ce n'était pas là ce qu'il fallait faire pour

ramener le volage capitaine, que les élégies à
Clidamis infidèle touchaient médiocrement.
Mme de Villedieu finit par le comprendre. Auprès d'elle voltigeait plus nombreux que jamais cet essaim d'adorateurs dont nous l'a-
vons vue déjà entourée. Elle n'avait qu'à
choisir. Mais comment ? Elle n'en aimait
aucun. N'importe ! il fallait désespérer Villedieu, elle céda sans choisir et se laissa aimer.
C'est une si douce chose que la vengeance !

A partir de ce moment elle ne se ressemble
plus ; elle accepte tous les hommages, répond
à toutes les tendresses, se fait une morale
large et facile, qui n'exclut personne, encou-
rage même les plus timides. Ce n'est plus la
même femme. Et dans ses vers, quel changement aussi ! Il y a quelques jours, elle écri-
vait :

Écoute, Clidamis, ce que je vais décrire,
Ou plutôt ce qu'amour va décrire par moi.
Mais puisque c'est ce dieu qui m'inspire,
    Je n'ai pas besoin de te dire
    Que je ne puis parler qu'à toi.

Ce n'est plus à Clidamis qu'elle parle main-
tenant, c'est à tous ceux qui voudront lui
plaire, à tous les amis qui l'entourent, dont
plusieurs déjà passent pour ses amants.
Voyez ce que l'amour est devenu pour elle !

Quand on voudra changer d'amant ou de maîtresse,
    Pendant un mois on le dira ;
    Et puis, après, on changera
Sans qu'on soit accusé d'erreur ou de faiblesse ;
Mais on conservera toujours de la tendresse ;
    On se rendra de petits soins ;
Car, entre deux amants, quand un grand amour cesse,
    Il faut être amis tout au moins.

Ce qui devait arriver arriva : Villedieu, mécontent du rôle qu'il jouait, nia d'abord d'un ton léger qu'il fût le mari de cette demoiselle Desjardins, que quelque temps avant il présentait partout comme sa femme. — Pourquoi le contraindre, disait sur le même ton Mme de Villedieu : *S'il ne le veut pas être*, qu'il ne le soit pas. Et elle continuait à ne faire aucune attention à lui. On veut bien quitter une femme qu'on n'aime plus, mais on ne veut pas être quitté par elle. L'indifférence et le dédain que lui montrait sa femme, rallumèrent chez Villedieu sa passion un instant éteinte. La réputation qu'elle s'était acquise, ses succès, l'enflammèrent de nouveau, et dans l'oubli où on le laissait, la jalousie ne tarda pas à le mordre au cœur. Il vint suppliant, avec des paroles de repentir et d'amour sur les lèvres, demander son pardon, et fit si bien que la jeune femme, qui ne demandait qu'à être persuadée, lui rendit sa confiance et son cœur.

La réconciliation des deux amants se trouve

toute entière racontée dans une églogue qui rappelle l'ode ix.ᵉ du livre d'Horace. Seulement ici c'est le berger Lycoris au lieu d'Horace, et Lydie est remplacée par la bergère Cyparisse.

Quelque temps on les revit ensemble, quelque temps on envia à Villedieu le bonheur qu'il avait su reconquérir, mais dont il ne devait pas jouir longtemps. C'était l'époque de l'expédition contre les Algériens, dont Louis XIV confia le commandement à M. de Beaufort (1). Villedieu ayant sollicité d'en faire partie, obtint la faveur qu'il demandait. Ce fut avec un vif sentiment de tristesse que M.ᵐᵉ de Villedieu en eut la nouvelle et vit le jeune capitaine s'apprêter au départ.

L'élégie qui commence par ces mots :

Enfin, cher Clidamis, l'amour vous importune,
Vouis suivez le destin de l'aveugle fortune.

fut écrite le cœur bien gros de larmes, mais rien ne put retenir Clidamis.

Il avait quitté Paris depuis quelques jours, quand le bruit se répandit que le corps d'armée dont le régiment Dauphin faisait partie était arrêté à Avignon. A cette nouvelle, le désir de revoir encore une fois son amant

____

(1) François de Vendôme, duc de Beaufort, né en 1616, petit-fils de Henri IV et de Gabrielle d'Estrées, connu dans sa jeunesse sous le nom du roi des halles, tué à Candie en 1669.

s'empare de Mme de Villedieu ; mais elle est
sans argent : comment faire le voyage ? La
tragi-comédie *le Favori* était terminée ; elle
va trouver Molière , lui présente son ouvrage
en lui confiant son embarras. Molière lui
avance trente pistoles, et elle prend aussitôt
la route du Midi. Nous ne savons rien de ce
voyage. — Après le départ du régiment Dauphin , elle resta quelque temps encore dans
le Midi , et ce fut là sans doute qu'elle
apprit la mort du pauvre Villedieu , tué à
l'affaire de Gigery , où périt le brave et beau
marquis de la Châtre.

Ce fut vers Pâques de l'année 1665 que
Mme de Villedieu revint à Paris. Son retour
fut signalé par la représentation de sa comédie
le Favori , qui fut jouée dans la nuit du
13 au 14 juin, à Versailles, devant le roi ,
par la troupe de Molière. Robinet continua-
teur de Loret , s'étend avec complaisance sur
la magnificence du grand roi et les merveilles
de la mise en scène (1). Nous aimons mieux
nous reporter pour les détails de la fête à un
compte-rendu que Mme de Villedieu adresse
elle-même au duc de Saint-Aignan. Après
avoir parlé du roi , de la reine , de la cour ,
d'une collation servie sur le théâtre , elle
arrive à la représentation d'une pièce de
Molière (2) :

____

(1) *Muse historique* du 17 juin.
(2) *L'Impromptu de Versailles.*

Ce Térence du temps que l'univers admire,
Dont la fine morale instruit et fait rire.

Après ce fut le tour de sa comédie.

Rien de ce qui pouvait en assurer le succès
ne fut négligé : pendant les entr'actes une
voix délicieuse se fit entendre :

Si ce fut une fille ou si ce fut un ange,

on ne le sait pas bien ; mais on écouta avec
recueillement, et toute entière l'illustre as-
semblée fut sous le charme. Qui de nous n'a
éprouvé ce merveilleux effet de la musique,
et charmé par l'harmonie de certains ac-
cords, ne s'est senti bon, disposé à l'indulgence, et de sévère n'est devenu bienveillant!
Sans cette voix, qui n'était pas la voix d'un
ange, mais la voix d'une fille d'opéra, Mlle
Hilaire, peut-être bien des bravos qui ac-
cueillirent les vers de Mlle Desjardins lui
eussent été refusés.

Peu de jours après, le public, le vrai public fut appelé à juger l'œuvre de Mme de
Villedieu. On raconte, à propos de cette représentation sur le théâtre du Palais-Royal,
une querelle qu'elle eut avec Molière. Celui-ci
avait annoncé la pièce en ces termes :

« *Le Favori*, tragi-comédie de Mlle Desjardins. » — Elle se fâcha, prétendant qu'elle
s'appelait Mme de Villedieu. « Molière, dit
Tallemant, lui répondit doucement qu'il avait

annoncé la pièce sous le nom de Mlle Desjardins ; que de l'annoncer sous le nom de Mme
de Villedieu cela ferait du galimatias ; qu'il la
priait, pour cette fois, de trouver bon qu'il
l'appelât Mme de Villedieu partout, hormis
sur le théâtre et sur ses affiches. » Elle dut
céder, et *le Favori* fut, comme l'avaient été
Manlius et *Nététis*, offert au public comme
l'œuvre de *Mlle Desjardins*. Malheureusement
le public ne fit au *Favori* qu'un froid accueil ;
Mlle Hilaire n'était plus là, et le peu
de succès qu'il obtint découragea Mme de
Villedieu, et la dégoûta du théâtre, cette
fois pour toujours.

Depuis la mort de son mari, Mme de Villedieu vivait fort retirée. Elle s'était liée avec la
veuve d'un procureur, une Mme Thiévart,
femme d'une cinquantaine d'années, dont le
moindre ridicule était, pour se donner des
airs de femme de qualité, de prétendre qu'elle
avait des vapeurs, la maladie alors à la mode.
C'était une vieille coquette qui ne voulait pas
s'avouer que le temps de plaire était passé.
Elle allait épouser un jeune homme fort épris
de sa fortune, quand une attaque d'apoplexie
l'emporta en un quart-d'heure. Elle mourut
au moment où elle allait essayer sa toilette de
noces. Cette mort subite fit sur l'esprit de
Mme de Villedieu une impression telle qu'elle
résolut de changer de vie et de passer à expier

les folies de sa première jeunesse les années qu'il plairait au ciel de lui donner encore.

Mme de Villedieu avait alors de vingt-six à vingt-sept ans. — Le lendemain de la mort de Mme Thiévart, elle allait trouver à sa maison de Conflans l'archevêque de Paris, M. de Harlay de Chauvallon, et lui faisait part du désir qu'elle avait de se consacrer à Dieu. Si l'on en croit les mémoires du temps, une belle pénitente pouvait aisément acquérir des droits aux bontés du prélat. Attendri, M. de Harlay applaudit de tout son cœur à ne aussi sainte résolution, et de peur qu'un regret ne vint au cœur de la belle convertie, il lui proposa d'entrer dans une maison religieuse établie sous son patronage, dont il pouvait immédiatement lui ouvrir les portes. Mme de Villedieu accepta ; le soir même elle était reçue au couvent sans que seulement on songeât à lui demander qui elle était, encore moins à s'enquérir de sa vie passée.

Elle vivait là depuis environ deux mois, d'une vie exemplaire, édifiant les saintes filles par sa piété, quand un jour le frère de l'une d'elles étant venu au parloir voir sa sœur, l'aperçut, et malgré son voile crut la reconnaître. Ce frère était un jeune homme qui avait intimement connu Mme de Villedieu dans le monde. Mais l'auteur des *Désordres de l'amour* dans cette maison, était-ce possible? Pour éclaircir ses doutes, il voulut savoir à quelle époque était entrée au couvent la novice dont il venait d'apercevoir les traits. La religieuse répondit aux questions de son frère ; mais étonnée de l'intérêt qu'il semblait porter à une femme dont le nom même lui était inconnu, elle le pressa de questions à son tour, et fit si bien que le jeune homme ne la quitta qu'après lui avoir confié tous les secrets de la vie de Mme de Villedieu. Un secret ainsi confié n'est bientôt plus un secret pour personne ; l'instant d'après, la communauté tout entière savait quelle était la femme à qui l'on avait donné asile. Grande rumeur dans le couvent, grand scandale. Comment pardonner à une femme qui avait tant aimé ? On tint conseil ; une députation fut envoyée à l'archevêque, et peu de jours après une délibération des religieuses bannissait Mme de Villedieu d'une retraite où elle avait pensé finir sa vie.

Ainsi rendue au monde malgré elle, Mme de Villedieu, sans ressources, ne sachant où aller, fut heureuse qu'une sœur de son mari, Mme de Saint-Romain, voulût bien la recueillir. Mme de Saint-Romain, jeune encore, tenait une bonne maison, et recevait nombreuse et joyeuse compagnie. Un tel asile ne pouvait manquer d'être du goût de Mme de Villedieu. Entourée une nouvelle fois de ce monde, au milieu duquel elle avait vécu pendant les premières années de son séjour à Paris, sa tristesse se dissipa, et avec sa douleur ses projets de retraite furent promptement oubliés. Elle reprit sa vie d'autrefois, mena de front les travaux et les plaisirs, fit de nouveaux romans et de nouvelles passions.

Bien qu'elle ne le pleurât plus, elle avait coutume de parler souvent du beau capitaine au régiment Dauphin, qu'elle avait aimé. Un ami de celui-ci, pour se faire écouter de sa veuve, eut l'esprit de renchérir sur les éloges qu'on prodiguait au défunt, et, par cette voie peu usitée, gagna sa confiance d'abord, puis un peu d'amour. Il faut lire la charmante fable, *la Tourterelle et le Ramier*, où elle raconte ingénûment comment cet ami complaisant, qui écoutait ses plaintes, devint son consolateur. Mais cet amour, surpris en quelque sorte, ne pouvait occuper éternellement son cœur. Combien de temps dura cette liaison, nous ne pouvons le dire ; ce que nous devons mentionner seulement, c'est qu'ici commence pour Mme de Villedieu cette vie d'intrigue et de folles amours qui lui a valu la triste réputation de femme galante. Fut-ce le plaisir des sens qui l'entraîna ? — Elle le nie :

« Je n'ai jamais eu, dit-elle, d'inclination déréglée, la passion dominante de mon sexe ne me touche pas. » Fut-ce un besoin du cœur d'être aimée ? Il ne fut plus question de cela :

une femme qui, sans grand amour dans le cœur, se laisse aimer, s'aventure sur un terrain trop glissant pour que les chutes n'y soient pas nombreuses. Après une première chute, comment se relever? Avec son caractère aventureux, son imagination ardente, son éternel besoin de plaire, elle ne le pouvait pas. Elle ferma les yeux et se laissa aller au courant qui l'entraînait. Pour excuser autant que possible sa conduite, nous rappellerons ce qu'étaient les mœurs du siècle où elle vivait. — Pourquoi eût-elle été plus sévère que ne l'étaient ces femmes dont elle était entourée, qui presque toutes portaient des noms illustres et l'oubliaient souvent? Pas plus qu'elles, quoiqu'on en dise, à aucun moment de sa vie elle ne montra d'effronterie et de dévergondage. Tallemant « *n'a jamais rien vu de moins modeste;* » nous le voulons bien, mais nous avons peine à croire « *qu'elle lui ait fait baisser les yeux plus de cent fois.* » Tallemant n'était pas homme à les baisser pour peu de chose, et, pour le scandaliser, il eût fallu qu'elle fût la dernière des femmes. Qu'on lise ses ouvrages, et même dans ses *Nouvelles galantes,* on ne trouvera pas un mot, pas une pensée qui autorise cette opinion. On conte qu'elle offrit le *congrès* au pauvre Langey. Si cette offre fut faite, ce dont il est permis de douter, nous ne pouvons y voir rien de sérieux.

Ce ne fut probablement qu'une plaisanterie, étrange sans doute dans la bouche d'une femme, mais les femmes d'alors, les plus nobles et les plus respectées, plaisantaient Langey, *le duc du Congrès*, en toute liberté. Ce qu'il y a de certain, c'est que si Mme de Villedieu eut des amants, elle ne les choisit jamais que d'une façon à témoigner l'élévation de son esprit : aussi se plaisait-elle à répéter le mot de Mme de Rohan, qui se piquait, comme on sait, de n'avoir jamais été *valétudinaire*.

Quatre ou cinq ans s'étaient passés pendant lesquels elle avait publié successivement les *Annales galantes*, *le Triomphe de l'amour sur l'enfance* (1), *les Amours des grands hommes*, et un recueil de fables, quand un jour reparut chez Mme de Saint-Martin un certain marquis de Chatte, vieux libertin d'environ soixante ans, que Mme de Villedieu avait rencontré dans le monde autrefois. De Chatte avait été l'un des admirateurs les plus passionnés de Mme de Villedieu ; la retrouvant libre, il se mit à lui faire une cour assidue, et trop amoureux aussi pour se rappeler qu'il était déjà marié, il lui proposa de l'épouser ; mais celle-ci n'ignorait pas le mariage

---

(1) Ballet de monseigneur le Dauphin, à M. de Montausier (1668).

du marquis : on en avait trop parlé dans Paris pour qu'elle eût pu l'oublier.

De Chatte, aux trois quarts ruiné, s'était laissé séduire, il y avait de cela une dizaine d'années, par l'appât d'une dot de vingt-cinq mille écus de contrats sur la ville, et avait consenti à épouser la fille d'un cordonnier. Par malheur, quand le mariage eut été célébré, il fut reconnu que les contrats étaient faux, et le pauvre marquis se trouva avoir une femme à laquelle manquait le seule vertu qui lui eût fait penser à elle. Pour échapper au ridicule que cette mésalliance jetait sur lui, plus encore pour se débarasser d'une femme qui lui était odieuse, il sollicita une compagnie dans les troupes que le roi envoyait au secours de Candie. Il eut le bonheur d'échapper au massacre dans lequel périt le duc de Beaufort, et quand il revint en France, après plusieurs années, il apprit que sa femme, lasse de l'attendre et enfin le croyant mort, s'était retirée en Provence.

Il était bien permis au marquis d'oublier une femme dont il était séparé depuis si longtemps et qu'il n'avait vue qu'une fois dans sa vie, le jour de son mariage, à supposer qu'il l'eût regardée, aussi l'oublia-t-il complétement. Mais, comme nous l'avons dit, Mme de Villedieu ne pouvait ignorer aucune particularité de son histoire. Néanmoins elle ne refusa pas le mariage qu'on lui offrait, éblouie sans doute par le titre de marquise, dont les séductions, de tout temps, ont été grandes ; seulement, pour éviter cette fois toutes les difficultés que lui avait suscitées la fille du notaire, elle résolut d'en user avec plus de circonspection et de prudence avec la fille du cordonnier. On eut grand soin de ne pas ébruiter le projet quand il fut arrêté, et de Chatte, qui avait partout des amis obligeants, sut trouver, dans un village à douze lieues de Paris, un prêtre qui se chargea de leur donner la bénédiction nuptiale. Au jour fixé, les deux fiancés, comme s'il ne se fut pas agi d'autre chose que d'une promenade à la campagne, quittèrent le matin la maison de Mme de Saint-Romain, et le soir, sans bruit, le marquis ramena sa femme à Paris.

Nous ne dirons que quelques mots de cette union..... Mme de Chatte donna le jour à un fils, que M. le dauphin et Mlle de Montpensier firent tenir sur les fonds de baptême. Cet enfant ne vécut qu'un an, et sa mort fut peu de temps après suivie de celle du marquis.

Nous ne prendrons pas sur nous de dire que la marquise pleura son mari : c'est fort douteux ; il semble même qu'elle fut assez prompte à se consoler. Ce qu'il y a de certain, c'est qu'en avril 1672, quand elle publia *les Exilés*, le marquis était oublié, car elle les

signa de son nom de Villedieu, plus fidèle
encore à son premier amour que fière du titre
que son second époux lui avait laissé.

Les Exilés sont, sinon l'ouvrage principal
de Mme de Villedieu, du moins celui que ses
contemporains semblent avoir le plus apprécié.
Dans son *Mercure*, à la date du 23 avril, de
Vizé s'exprime ainsi : « Je vous envoie, ma-
dame, une partie de livres nouveaux qui se
vendent depuis peu chez Barbin. *Les Exilés*
de Mme de Villedieu vous divertiront beaucoup ; les incidents en sont agréables et déli-
catement touchés, et cette spirituelle personne,
dont jusqu'ici tous les ouvrages ont réussi,
mérite beaucoup de louanges. »

Si l'opinion de de Vizé, souvent soupçonné
de partialité, ne semble pas suffisante, re-
portons-nous à une lettre en date du 14 du
même mois, adressée au comte de Bussy-
Rabutin par Mlle de Scudéry, dans laquelle
se trouve le passage suivant : « On a fait un
petit roman, qui s'appelle *les Exilés*, qui est
très-joli. Il y a un endroit qui dit qu'une
grande haine qui succède à un grand amour,
marque encore de l'amour caché. Cela m'a
fait souvenir de vous ; c'est un amant qui dit
à sa maîtresse de ne haïr pas tant un homme
qu'elle avait aimé avant lui, et il lui en dit
cette raison..... Voyez ce petit roman, il est
très-joli. » Et en effet, Bussy-Rabutin lit

les Exilés, et dans sa réponse *à l'illustre dame* (1) qui lui en a fait l'éloge, il s'étend longuement sur le plaisir qu'il y a trouvé.

La publication des *Exilés* fut suivie de celle des *Mémoires d'Henriette Silvie de Molière*. La personne qui porta ce nom a fait beaucoup parler d'elle par ses intrigues et ses folies. Mme de Villedieu la fait parler. C'est elle-même qui nous fait l'histoire de sa vie, et plusieurs fois il nous a semblé que l'auteur mettait dans la bouche de son héroïne, sinon le récit de ses propres aventures, du moins l'expression de ses sentiments personnels dans des circonstances analogues. Cet ouvrage ne ressemble en rien aux autres, les allures en sont plus rapides, il est hardi, enjoué, plein de verve, fort amusant enfin, et si nous ne craignions de fatiguer le lecteur, nous aimerions à analyser certains passages qui nous ont séduit.

Nous n'en finirions pas si nous entreprenions de commenter chacun des ouvrages que Mme de Villedieu livra encore à la curiosité avide du public. Disons seulement, avant de reprendre le récit de sa vie pendant ses dernières années, que la réputation que ses romans lui conquirent s'étendit hors de France,

____

(1) C'est un roman qu'*une illustre dame* trouva *très-joli*.
                              (Dictionnaire de Bayle)

et lui valut une distinction de la part de l'académie des Ricovrati de Padoue, qui la reçut au nombre de ses membres.

Cependant la pauvre femme, malgré le succès de ses ouvrages, malgré enfin la pension de 1,500 livres que lui avait accordée Louis XIV, en réponse à une pièce de vers, louangeuse outre mesure comme il les aimait, était dans un état qui chaque jour approchait un peu plus de la misère. Elle avait plus de trente-huit ans ; les agréments, les grâces de la première jeunesse s'étaient enfuis; abandonnée de ses brillants amis qui l'avaient entourée jadis, et dont la fortune avait souvent pourvu à ses besoins, le dégoût et le découragement ne tardèrent pas à la prendre. Elle porta alors ses regards en arrière, vers sa ville natale, repassa dans son esprit l'histoire de ses jeunes années, revit dans ses souvenirs ce cousin qu'enfant elle avait aimé, et prompte comme toujours dans ses résolutions, un jour elle quitta Paris , comme dix-huit ans auparavant elle avait quitté Alençon.

Sa mère et son cousin vivaient encore ; ils habitaient ensemble Clinchemore , petit hameau de la commune de Saint-Remy-du-Plain, à trois lieues de la ville. Ce fut là qu'elle alla les trouver; sa mère et son cousin lui ouvrirent leurs bras, comme le père des saintes Écritures à l'enfant prodigue, et elle finit comme elle aurait dû commencer, — si elle eût préféré le bonheur d'une vie calme aux agitations et à la gloire, — en épousant son cousin, et en reprenant par ce dernier mariage le nom de Desjardins, qu'elle avait reçu de son père, et qu'elle ne devait plus quitter.

Nous approchons de l'époque où Mme de Villedieu, devenue Mme Desjardins, va s'éteindre peu à peu, non pas inconnue, mais oubliée. Ses dernières années de retraite et de silence à la campagne ne furent pas oisives. Nombre de romans y furent écrits encore, qui parurent, les uns de son vivant, les autres après sa mort. Découragée, abattue, épuisée par la maladie et la misère, elle n'était pas cependant vaincue; la mort seule pouvait faire tomber la plume de ses mains.

L'histoire de ses derniers moments est enveloppée d'une obscurité profonde. Selon quelques biographes, lasse de la vie elle chercha dans l'ivresse un remède au mal qui la consumait, et les excès auxquels elle s'abandonna abrégèrent ses jours. Nous n'avons rien trouvé, hâtons-nous de le dire, dans les écrits du temps, qui légitime une pareille assertion; ce que nous pouvons seulement donner pour certain c'est qu'elle mourut à la fin d'octobre 1683, dans une véritable indigence, abandonnée de tous, abreuvée de dégoûts.

De Vizé est le seul des écrivains de l'époque qui ait parlé de sa mort. « On vient de m'apprendre, dit-il dans son volume de novembre 1683, la mort d'une dame que son esprit a rendue illustre, et qui a paru dans le monde sous trois noms, savoir : de M.lle Desjardins, de M.me de Villedieu et de M.me de Chatte. Elle avait une manière d'écrire aussi galante que tendre, et peu de personnes ont eu un style aussi aisé.... Le sieur Barbin, qui a imprimé tous ses ouvrages, en a encore beaucoup d'elle, et le premier qu'il mettra au jour a pour titre : *le Portrait des faiblesses humaines*. »

Quinze ou dix-huit mois, en effet, après la mort de l'auteur, Barbin publia *le Portrait des faiblesses humaines*. Dans ce nouvel ouvrage M.me de Villedieu, en nous contant les amours d'Alcibiade et d'Aspasie, s'inquiète si peu de l'histoire, que nous devons croire que c'est Ninon de Lenclos plutôt que la célèbre courtisane athénienne dont elle a voulu nous faire connaître la vie.

Vinrent ensuite *les Annales galantes de la Grèce*, *les Nouvelles africaines*, *les Galanteries grenadines* et *Lisandre*.

Chacun des ouvrages que nous venons de citer fut d'abord publié séparément par Barbin, et presque tous ils furent réimprimés à Rouen, à Lyon, à Amsterdam, à la Haye.

Ce ne fut qu'en 1710 que Barbin entreprit de publier une édition des œuvres complètes de M.ᵐᵉ de Villedieu, dont le dixième et dernier volume parut en 1711. « On voit toujours dans ses écrits, dit l'éditeur, de nouveaux tours, de nouvelles expressions, des sentiments d'amour si raffinés et si délicats qu'on pourrait seulement lui reprocher que l'esprit y a eu plus de part que le cœur. » La remarque est fort juste, si l'on ne considère que ses romans; mais ce jugement serait faux, appliqué à ses poésies. En effet, dans les élégies de M.ᵐᵉ de Villedieu, malgré le mélange d'idées pastorales que bien des critiques ont censuré, on est forcé de reconnaître que c'est presque toujours le cœur qui parle, et l'esprit même y est tendre et passionné.

Pour que ce travail fut complet, il nous resterait peut-être à faire l'historique des diverses éditions qui furent publiées des œuvres de notre auteur. Mais ce serait sortir du cadre que nous nous sommes tracé. Nous craindrions d'être aride si nous entrions dans quelque discussion bibliographique; nous nous bornerons à quelques mots empruntés à la *Biographie universelle.*

Une seconde édition en douze volumes in-12 parut en 1721, et enfin une troisième, la dernière, que nous sachions, en douze volumes in-12 également, supérieure pour l'exécution, fut publiée en 1741 par le libraire Prault.

Les divers ouvrages dont nous avons donné l'analyse ou seulement les titres sont renfermés dans les dix premiers volumes de ces deux éditions. Les deux derniers contiennent cinq nouvelles, dont trois, à coup sûr, ont été attribuées à tort à Mme de Villedieu : nous voulons parler d'*Astérie* ou *Tamerlan*, qu'il faut rendre à Mlle de la Roche-Guilhem, *Don Carlos*, que nous devons à l'abbé de Saint-Réal, et *Mlle de Tournon*, qui est de Vaumorière. — Pour les deux autres, il y a doute. — Personne n'a contesté à Mme de Villedieu l'honneur d'avoir écrit *l'Illustre Parisienne ;* mais le style n'est plus le même, et nous ne serions pas éloigné de croire que le libraire Prault s'est plu, par spéculation, à enrichir son recueil de cette quatrième nouvelle. Quant à la dernière, *Mlle d'Alençon*, est-elle de Mme de Villedieu ou de Mme de Murat? C'est un point contestable, sur lequel nous n'oserions prononcer aujourd'hui. Ce sera de notre part l'objet d'un examen attentif dans une nouvelle étude que nous nous proposons de faire de la vie et des ouvrages de cette dame.

S. CLOGENSON.

Alençon, chez Mme Ve POULET-MALASSIS.

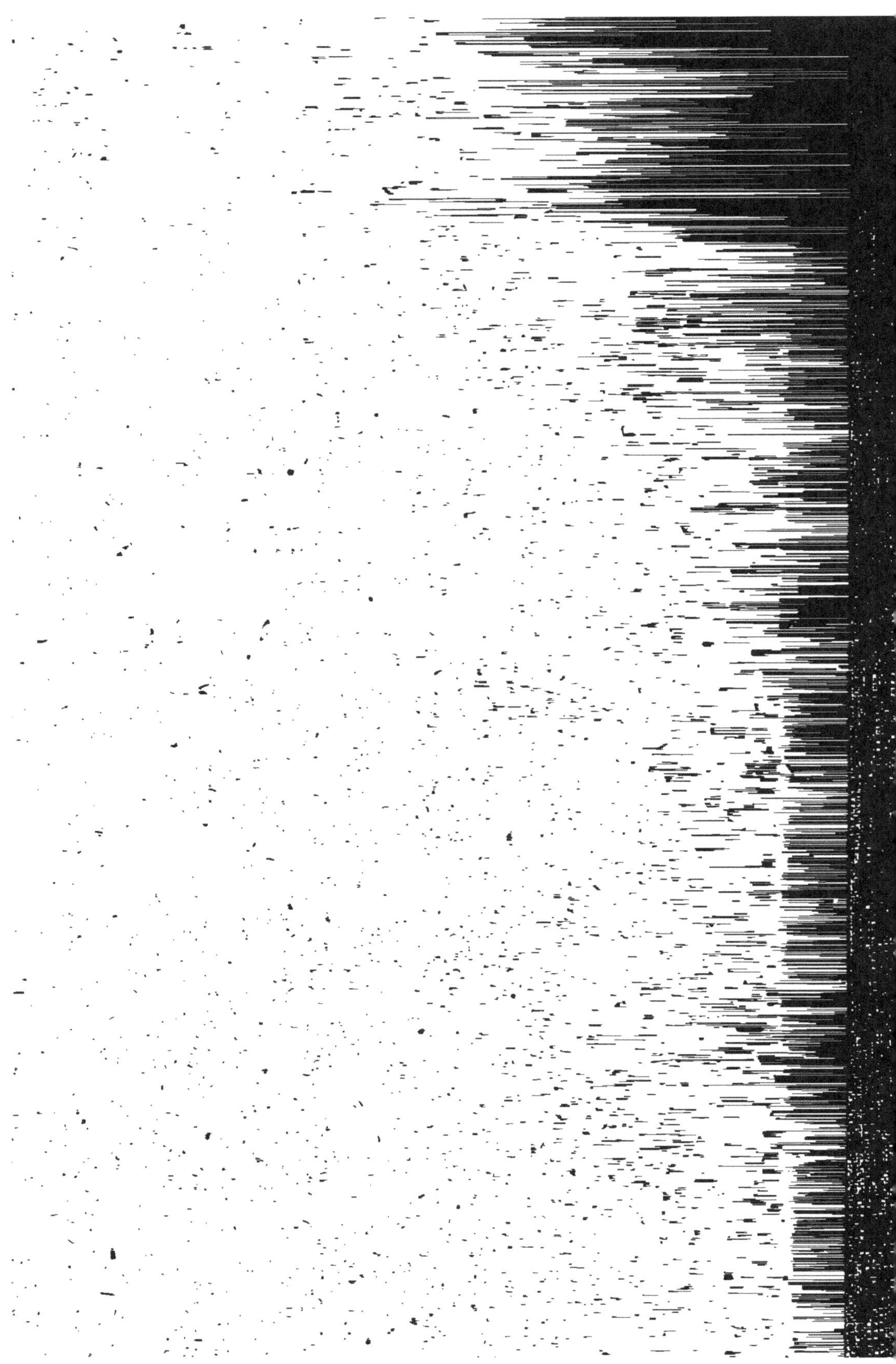